EN SAVOIR PLUS SUR

Les eaux minérales

Collection dirigée par Julien Fouin

Parc Saint-Joseph – BP 3522 – 12035 Rodez cedex 9
Tél. : 05 65 77 73 70 – Fax : 05 65 77 73 71
www.lerouergue.com

EN SAVOIR
PLUS SUR

Les eaux minérales

PASCALE D'ERM

Éditions du Rouergue

SOMMAIRE

L'EAU MINÉRALE, UN PLAISIR ESSENTIEL

L'eau est rare et précieuse, aussi vitale pour notre organisme que pour l'équilibre de la planète. Elle est également, de toute éternité, une source inépuisable de plaisirs et de bien-être. L'eau minérale est un plaisir essentiel. Elle puise ses bienfaits dans les entrailles de la Terre et nous les restitue (calcium, magnésium, sodium, potassium, silice, sélénium, etc.). Elle soigne le corps et l'esprit. C'est de la « beauté à boire ».

Les Français, comme bien d'autres nationalités dans le monde, l'ont bien compris. Tournant le dos à l'eau du robinet qui leur inspire (à juste titre parfois) une certaine méfiance, ils remplissent leurs cabas d'eaux en bouteille. Les minéraliers surfent sur cette vague bleu clair, et les publicitaires-designers amplifient le mouvement. Résultat : l'eau embouteillée connaît depuis quelques années un engouement sans précédent.

L'eau minérale est dans l'air du temps. Et acheter de l'eau, plus qu'un simple acte de consommation, est devenu un phénomène de mode.

Les eaux se diversifient ; leurs nouveaux goûts fruités ou fleuris taquinent nos palais ; elles nous séduisent dans leurs flacons sophistiqués et audacieux ou endossent l'image de leur région pour devenir des « cartes postales gustatives »...

Comment s'y retrouver dans cette offre fluide, et mouvante ? Quelles sont les vraies vertus des eaux minérales pour votre santé ? Comment les choisir en fonction de ses besoins, de son style de vie, de ses envies ? Comment dénicher les sources rares ? D'où vient leur minéralisation ? Comment apprend-on à reconnaître un goût ? Qu'en pensent les grands chefs étoilés ? C'est à toutes ces questions pratiques que répond ce livre. Nous traiterons essentiellement des eaux minérales naturelles (elles sont près de soixante-dix en France), qui seules peuvent officiellement revendiquer des propriétés intéressantes pour la santé.

ORIGINE DE L'EAU MINÉRALE

De l'eau de pluie à la source

Lorsqu'elles parviennent sur votre table, les eaux minérales ont accompli un long et périlleux voyage dans les entrailles de la Terre. Un voyage qui a commencé il y a des dizaines, voire des centaines d'années. Et pour une fois la poésie rejoint la réalité. Car même habillée dans un flacon sophistiqué, l'eau minérale que vous buvez vient purement et simplement... du ciel. À l'origine, ce sont des eaux de pluie infiltrées dans le sol qui suivent un cycle naturel initié il y a quatre milliards d'années.

Le parcours souterrain et secret de l'eau

Une partie des eaux de pluie rejoint directement ou indirectement océans, lacs et étangs avant de s'évaporer, de se concentrer dans l'atmosphère et de redevenir pluie. Une autre partie suit un parcours souterrain, plus secret : ce sont les futures eaux minérales naturelles. Elles s'infiltrent dans le sol à des profondeurs pouvant atteindre plusieurs centaines de mètres, cheminent lentement à travers les fissures de la roche, les sables ou les grès, jusqu'à ce qu'elles rencontrent un obstacle infranchissable (de l'argile imperméable par exemple). Alors elles remontent, soit naturellement, par une faille géologique, ou à la faveur d'un captage ou d'un forage.

La minéralisation, une acquisition déterminante

L'eau minérale est considérée comme un « minerais » par les géologues.

Durant leur séjour souterrain, les eaux de pluie sont purifiées au contact des roches poreuses et des sables. En outre, elles se chargent en éléments minéraux (calcium, magnésium, sodium, potassium, bicarbonates) et en oligo-éléments (fluor, sélénium, silicium).

La minéralisation dépend de la géologie du site : ainsi, les sous-sols trop faillés laissent s'écouler l'eau trop rapidement pour qu'elle puisse se charger en minéraux ; le granite, peu soluble, libère peu d'éléments minéraux, mais possède un fort pouvoir épurateur ; les bassins calcaires, en revanche, sont propices à une belle minéralisation, car le calcaire se dissout facilement et libère du calcium.

C'est durant son cheminement sous terre que l'eau acquiert sa « personnalité » minérale : sa combinaison, unique, en éléments minéraux, son caractère, gazeux ou plat, et son goût. Les eaux gazeuses sont souvent plus minéralisées que les plates, car leur gaz carbonique dissout plus activement la roche.

Plus le cheminement souterrain sera long, plus la minéralisation de l'eau sera élevée et constante.

L'âge de l'eau

La température des eaux augmente au cours de leur infiltration dans le sol (+ 1 °C par 30 m).

L'eau que vous buvez a filtré sous terre lentement, goutte après goutte, durant plusieurs dizaines d'années avant de chatouiller votre palais ! Ainsi, l'eau d'Evian chemine quinze ans à travers le plateau de Gavot (Haute-Savoie), Plancoët se faufile 10 ans dans la pierre granitique de Bretagne et la légende rapporte que l'eau de Wattwiller a… 4 500 ans. C'est en fait le carbone 14 qui détermine cet âge. D'autres recherches misent sur la présence ou non du tritium, une molécule liée à l'hydrogène contenu dans la première bombe atomique. Si l'eau en est dépourvue, son âge est supérieur à 50 ans : c'est par exemple le cas de Saint-Yorre et de Vichy Célestins.

Eau minérale naturelle, une appellation contrôlée

Une fois parvenues à la surface de la terre, rien ne distingue encore les eaux de source des eaux minérales. Dans les deux cas, l'eau est pure, naturellement saine et potable. La constance de sa minéralisation et de sa température accréditeront une

La fabrication à la chaîne est automatisée, mais les machines sont sous haute surveillance !

eau minérale naturelle. Car l'eau minérale, contrairement à l'eau de source, n'est pas seulement une eau potable au sens habituel du terme. Selon la réglementation européenne, elle se distingue nettement des eaux de boisson ordinaires (voir encadré ci-dessous).

Ce n'est pas la teneur en minéraux qui distingue l'eau minérale (une eau de source peut être plus minéralisée), mais la stabilité de cette minéralisation et sa constance dans le temps.

Quelle différence entre eau minérale et eau de source ?

Il existe principalement deux types d'eaux d'origine souterraine mises en bouteilles et vendues dans le commerce : l'eau minérale naturelle et l'eau de source (dont le prix est généralement inférieur).

L'eau minérale naturelle

La législation européenne la définit précisément : « Une eau minérale naturelle est caractérisée par sa teneur en certains sels minéraux, les proportions relatives de ces sels, la présence d'oligo-éléments ou autres constituants et, *le cas échéant,* par certains effets, ainsi que par sa pureté originelle. »

L'eau minérale naturelle doit être :
• d'origine souterraine ;
• naturellement potable : aucun traitement n'est autorisé, hormis la séparation d'éléments comme le fer, le soufre, le manganèse, ou l'arsenic... et l'injonction ou l'élimination de gaz carbonique ;
• dotée d'une minéralisation et d'une température constantes à l'émergence.

Elle peut revendiquer des effets positifs sur la santé, s'ils sont dûment constatés par l'Académie de médecine (pallier des subcarences en minéraux, favoriser la diurèse, le fonctionnement gastrique, etc.). Mais cette caractéristique, héritée du thermalisme et traditionnelle dans les pays latins, tend à perdre de l'importance en raison de la complexité des études nécessaires pour démontrer scientifiquement qu'une eau est favorable à la santé.

L'exploitation est également réglementée : embouteillage à la source ; protection du point d'émergence ; contrôles fréquents des matériaux de captage, de conduite, de stockage, de lavage et

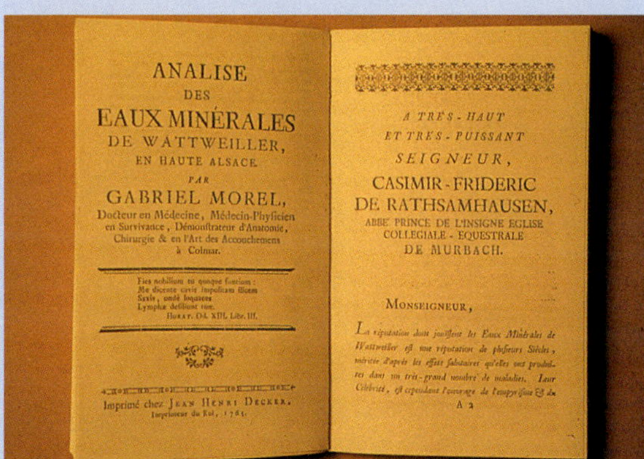

Seules les eaux minérales reconnues par l'Académie de médecine peuvent invoquer des propriétés favorables pour la santé.

d'embouteillage pour éviter toute pollution ou toute modification bactériologique et chimique ; nombreux contrôles physico-chimiques et bactériologiques de l'eau…

En France, c'est le ministère de la Santé qui attribue l'appellation « eau minérale naturelle » (il autorise alors l'embouteillage), sur un dossier préparé conjointement par les ministères de l'Industrie et de la Santé, et suite à l'autorisation préfectorale exigée pour le forage. Si l'eau minérale naturelle souhaite revendiquer des propriétés favorables à la santé, le dossier est soumis à l'Académie de médecine. L'avis de l'Agence française de sécurité sanitaire et des aliments est également requis.

L'eau de source

Comme l'eau minérale, elle est d'origine souterraine et potable à l'état naturel, mais elle n'a pas l'obligation de la constance de sa composition minérale et ne peut revendiquer de propriétés favorables à la santé. L'eau de source est soumise aux mêmes normes de potabilité et de qualité que l'eau du robinet. Pour éviter toute ambiguïté, le terme « minéral » ne peut figurer sur l'étiquette d'une eau de source.

Qu'est-ce que le terroir d'une eau minérale ?

Pour Jacques-Marie Bardintzeff, vulcanologue et professeur à l'université d'Orsay, « le terroir d'une eau minérale est formé par les différentes roches qui jalonnent son parcours souterrain : couches d'argiles, filtres de sables, moraines ou granites, etc. Il y a une multitude de terroirs minéraux, qui donnent chacun naissance à des eaux bien caractéristiques : les grands bassins calcaires, comme le Bassin parisien, chargent les eaux en calcium et en bicarbonates ; les massifs de dolomies, une roche proche du calcaire, délivrent calcium et magnésium ; les gypses, fréquents dans les Vosges, donnent des eaux très sulfatées et calciques, comme Contrex ou Hépar ; les régions granitiques libèrent du potassium, du sodium et

Le massif des Vosges est le berceau de nombreuses eaux minérales, comme Wattwiller, Contrex, Hépar ou Vittel…

un peu de silicium ; les régions volcaniques donnent naissance à des eaux peu minéralisées (comme Volvic), mais dotées de silicium et de vanadium et activement débarrassées de leurs impuretés à travers les pouzzolanes poreuses. Le terroir de Volvic, par exemple, est une ancienne vallée comblée par une coulée de lave et des scories émises il y a 11 000 ans par un volcan voisin.

« Les terroirs sont très divers, y compris parfois au sein d'une même commune : à Vals-les-Bains en Ardèche, il existe une centaine de sources émergeant à des températures et avec des propriétés minérales différentes ! Le kiosque de Saint-Nectaire (Auvergne), autre site thermal, possède six sources qui ont chacune des goûts différents ! »

Pour rester pure, l'eau minérale exige un environnement préservé.

Les hydrogéologues et les sourciers savent détecter les ondes magnétiques révélatrices de la présence d'eau.

Au pays des mille sources

En France, il existe environ un millier de sources. Parmi elles, 800 sont exploitées, dont environ 70 pour produire des eaux minérales naturelles. Et il y a sans doute encore de nombreuses sources dissimulées sous les broussailles. Comment détecte-t-on leur présence ? En faisant appel à la mémoire des anciens, en commandant une étude d'hydrogéologie, ou plus simplement en recherchant le savoir d'un sourcier ! Il en existe encore 5 000 en France !

SANTÉ.
« CHOISIR LA MINÉRALISATION ADAPTÉE À SES BESOINS »

Le corps humain ne peut se passer d'eau plus de 48 heures. L'eau est un rouage essentiel de notre mécanique corporelle. Mais quelle eau boire, et comment ? Pourquoi privilégier l'eau minérale naturelle ? Apprenez à identifier les eaux minérales et à choisir celles dont les bienfaits annoncés correspondent à vos besoins.

Un besoin vital pour notre organisme

Il est rare, dans nos pays, de ressentir réellement la soif, avec ses corollaires : gorge sèche, langue en coton, brûlures dans la poitrine, etc. Mais il ne faut surtout pas attendre d'avoir soif pour boire : lorsqu'elle se manifeste, la déshydratation a déjà commencé. Or, nous savons que l'eau représente 60 % du poids chez un adulte, 80 % chez un bébé et 50 % chez une personne âgée. L'eau est omniprésente dans notre corps, à tous les niveaux de notre organisme : dans le liquide intracellulaire (40 % de notre poids), extracellulaire, dans le plasma sanguin (le sang est composé d'eau à 80 %). Elle est vitale pour la digestion, l'épuration rénale, les échanges cellulaires ou l'hydratation de la peau... Aussi est-il recommandé de boire

1,5 à 2 l par jour pour compenser les pertes (urine, transpiration, évaporation cutanée, etc.) et assurer un bon renouvellement de l'eau dans notre corps (le circuit de l'eau y dure environ 8 à 10 jours). Les aliments apportent également un complément non négligeable (0,7 à 1 l par jour).

Pourquoi privilégier une eau minérale ?

Hormis les préjugés, parfois vérifiés, que l'on peut avoir à l'égard de l'eau du robinet, choisir d'acheter une eau minérale naturelle peut représenter une solution préventive aux subcarences liées à notre alimentation. Par ailleurs, l'eau minérale, pure, dénuée de traitement, faible en nitrates (vérifiez toutefois la teneur sur l'étiquette), et dont la composition minérale est constante, offre des garanties importantes pour tous, et en particulier pour ceux dont l'organisme est fragile et vulnérable : nourrissons, futures mamans, seniors, etc. Enfin, le goût des eaux minérales offre un large choix, très personnel, et fort éloigné de celui du chlore…

L'eau minérale est naturellement potable.

Boire est nécessaire pour renouveler l'eau contenue dans notre corps.

Comment choisir la minéralisation ?

Première étape : choisir le degré de minéralisation de l'eau en identifiant sur l'étiquette la minéralisation totale, exprimée par un « résidu sec à 180 °C », c'est-à-dire la teneur en minéraux (mg/l) recueillis après évaporation d'un litre d'eau soumis à une température de 180 °C. Lorsque ce total n'est pas indiqué, n'hésitez pas à contacter le service consommateurs des marques.

Si les eaux faiblement minéralisées sont à consommer sans modération, celles qui sont plus riches en minéraux méritent un peu d'attention. En effet, certains dosages élevés, notamment en sodium (sel), sont déconseillés en cas de régime hyposodé ou pour les femmes enceintes. Évitez aussi une consommation régulière d'eau trop riche en calcium si vous avez des soucis de calculs

L'effet bénéfique de l'eau minérale sur le fonctionnement gastrique ou intestinal et contre certaines carences a été prouvé en milieu médical.

rénaux et sachez que les excès en fluor causent des taches sur les dents...

Mais une eau minérale riche, bien utilisée, en alternance, peut apporter des compléments bénéfiques en cas de subcarences en sels minéraux et en oligo-éléments et jouer un rôle préventif intéressant. Lorsque la carence est installée, en magnésium par exemple, il convient bien sûr de la traiter avec d'autres remèdes qu'un simple verre d'eau ! Boire, c'est se faire du bien, pas se soigner ! D'ailleurs, les eaux réellement médicales sont vendues... sur ordonnance et en pharmacie (comme l'Hydroxydase).

Ainsi, on pourra choisir entre :

• une eau très faiblement minéralisée (moins de 50 mg/l) : Mont Roucous, Montcalm (eau de source), etc. ;

• *une eau faiblement minéralisée ou oligominérale* (de 50 à 500 mg/l) : Volvic, Valvert, Ty Nant, Evian, Thonon, Perrier, etc. ;

• *une eau moyennement minéralisée* (500 à 1 500 mg/l) : Vittel, Salvetat, Saint-Amand, San Pellegrino, Wattwiller, Badoit, etc. ;

• une *eau riche en sels minéraux* (plus de 1 500 mg/l : Saint-Antonin, Chateldon, Contrex, Courmayeur, Quézac, Arvie, Hépar, Vichy Célestins, Saint-Yorre, etc.

Décrypter la composition minérale

Une eau minérale contient d'une part des éléments minéraux, constituants actifs des tissus comme le calcium, le magnésium, le potassium, etc., et d'autre part des oligo-éléments (fluor, sélénium, silice), présents en très faible quantité dans notre corps, mais essentiels pour la prévention des affections et le maintien de la forme. Ces derniers figurent malheureusement plus rarement sur les étiquettes.

Les eaux de Vittel sont réputées contre les lombalgies et pour les cures de boisson (diurèse).

Dans la famille des éléments minéraux

Le calcium, champion de la croissance

• Besoins journaliers moyens : 900 mg pour les adultes, 600 pour les enfants et 1 200 pour les femmes enceintes et les personnes âgées.

• Il favorise la croissance, la formation des os et des dents, la coagulation sanguine et les transmissions nerveuses.

• L'eau calcique est favorable à la prévention de l'ostéoporose, des insomnies, des caries dentaires chez l'enfant, des crampes… Des eaux fortement

calciques (Hépar ou Contrex) couvrent près de 50 % des besoins en calcium. Mais le calcium ne peut se fixer efficacement sur les os et les cellules que lorsqu'il est accompagné de vitamine D.
• Une eau est « calcique » si sa teneur en calcium (Ca) est supérieure à 150 mg/l.
• À glisser dans son cabas : Hépar, Salvetat, Badoit, Contrex, Chateldon, Wattwiller, Saint-Antonin, Saint-Amand, Vittel, etc.

Le magnésium, l'anti-fatigue

• Besoins journaliers moyens : 330 mg pour les filles de 13 à 19 ans et les femmes, 480 pour les femmes allaitant, 420 pour les garçons adolescents, les hommes et les personnes âgées.
• C'est un anxiolytique et un anti-stress, il joue un rôle dans l'équilibre nerveux, la croissance (aide à fixer le calcium sur les os). Son déficit provoque migraines, fatigue, hyperémotivité, constipation, palpitations, tétanie.
• Une eau est « magnésienne » si sa teneur en magnésium (Mg) est supérieure à 50 mg/l.
• À glisser dans son cabas : Hépar, Quézac, Arvie, Badoit, Contrex, Vernière, etc.

Le sodium, trouver le juste équilibre

• Besoins journaliers moyens : 1 à 1,5 g/jour. Prise maximale conseillée : 4 mg (8 g de sel de cuisine).
• Il régule l'équilibre hydrique de nos tissus, la transmission des influx nerveux entre les nerfs et les muscles. Un bon bilan sodique permet de lutter contre les crampes, les pertes d'appétit, l'asthénie, les troubles de confusion mentale chez les

L'eau minérale peut en partie compenser la baisse des apports en sels minéraux et oligo-éléments issus de notre alimentation.

personnes âgées. Généralement, les besoins sont largement couverts par l'alimentation. Les eaux chlorurées sodiques peuvent être déconseillées en cas de certains troubles cardio-vasculaires, d'hypertension sensible au sel et de problèmes rénaux.
• Une eau est « sodique » si sa teneur en sodium (Na) est supérieure à 200 mg/l.
• À glisser dans son cabas : Vichy Célestins, Saint-Yorre, Arvie, et loin derrière, Chateldon et Quézac.

Le potassium, régulateur du système nerveux

• Intervenant dans les contractions musculaires (notamment dans les battements cardiaques) et les influx nerveux, son manque provoque insomnies, fatigue, irritabilité, etc.
• À glisser dans son cabas : toutes les eaux en contiennent.

Au XIXe siècle, les soldats de retour des colonies, affaiblis et anémiés, se voyaient prescrire des cures thermales, par exemple à Contrexéville ou à Vittel.

Les bicarbonates, alliés de la digestion

- Ils facilitent la digestion en agissant sur l'équilibre acido-basique et le pH de nos cellules.
- Une eau est « bicarbonatée » si sa teneur en bicarbonates est supérieure à 600 mg/l.
- À glisser dans son cabas : Arvie, Vernière, Saint-Yorre, Vichy Célestins, Badoit, Chateldon, Salvetat, etc.

Les sulfates, l'effet laxatif

- Les eaux sulfatées, associées au calcium (eaux « sulfatées calciques ») ou au magnésium (« sulfatées magnésiennes ») facilitent le transit intestinal. À haute dose et selon l'individu, l'effet laxatif sera plus ou moins prononcé : ne pas donner à des enfants atteints de diarrhées et de coliques.
- Une eau est « sulfatée » si sa teneur en sulfates est supérieure à 200 mg/l.

• À glisser dans son cabas : Contrex, Saint-Antonin, Vittel, Wattwiller, Hépar, Saint-Amand, etc.

Les roches délivrent leurs éléments minéraux aux eaux souterraines selon un cycle initié il y a 4 milliards d'années...

Les chlorures, présents dans les liquides intracellulaires

• Les eaux riches en chlorures (souvent chlorures de sodium) sont utilisées en cures thermales.
• Une eau est « chlorurée » si sa teneur en chlorures est supérieure à 200 mg.
• À glisser dans son cabas : Vichy Célestins, Arvie, Saint-Yorre, etc.

Dans la famille des oligo-éléments

Le fluor, l'oligo-élément anti-caries

• Besoins journaliers moyens : de 0,5 à 1,5 mg avant 3 ans ; 1 à 2,5 mg de 4 à 9 ans ; de 1,5 à 2,5 mg après 10 ans ; de 1,5 à 4 mg pour les adultes.
• Le fluor est fondamental pour la structure de l'émail des dents et la prévention des caries.
• Une eau est « fluorée » si sa teneur en fluor (F) est supérieure à 1 mg/l de fluor.
• À glisser dans son cabas : Saint-Yorre, Vichy Célestins, Saint-Amand, Saint-Antonin, etc.

Le silicium, cicatrisation et croissance

• Besoins journaliers moyens : 40 mg recommandés.
• Le silicium (Si) joue un rôle important dans l'élasticité des tissus, la formation des os et cartilages,

le fonctionnement cardio-vasculaire. Il est utile contre l'ostéoporose.

• À glisser dans son cabas : Arvie, Volvic, Mont Roucous, Badoit, etc.

Savoir lire une étiquette

Certaines mentions sont obligatoires, d'autres relèvent de l'initiative des minéraliers.

EVIAN EST UNE EAU MINÉRALE NATURELLE, RECONNUE FAVORABLE À LA SANTÉ PAR L'ACADÉMIE NATIONALE DE MÉDECINE.

La minéralisation constante et équilibrée de l'eau minérale naturelle d'Evian présente les caractéristiques suivantes (en mg/l):

Calcium	78	Bicarbonates	357
Magnésium	24	Sulfates	10
Sodium	5	Chlorures	4,5
Potassium	1	Nitrates	3,8
Silice		13,5	

Résidu sec à 180° C: 309mg/l - pH = 7,2
Source Cachat - S.A. EVIAN 74503 Evian

Sont obligatoires

• La mention de la conformité de l'analyse physico-chimique officielle. Elle peut aussi énumérer les éléments minéraux caractéristiques et leurs dosages.

• Le nom de la marque, de la source et le lieu de l'exploitation, la contenance.

• Le nom et l'adresse de l'exploitant.

- Les recommandations pour la conservation.
- La date limite d'utilisation optimale.
- Le code-barre.

Depuis 1980, les minéraliers ont interdiction de mentionner sur l'étiquette que leur eau peut « guérir », « prévenir », ou « traiter certaines maladies ».

Peuvent également figurer

- La minéralisation totale (résidu à sec en mg/l). Attention, elle n'est pas la somme des éléments caractéristiques.
- Le pH.
- Les nitrates : l'affichage des nitrates n'est pas obligatoire, sauf pour les eaux recommandées aux nourrissons (voir plus bas). Certaines eaux affichent des taux zéro nitrate, comme Mont Roucous, Wattwiller, Plancoët, Arvie, Chateldon, Saint-Amand, ou Saint-Antonin.
- Le sigle d'Eco-Emballage (une flèche verte qui s'enroule sur elle-même) indique que l'exploitant cotise pour aider la collecte sélective et le recyclage des bouteilles.
- La mention « convient pour la préparation des aliments du nourrisson » indique que l'eau est plate, avec une teneur en nitrates inférieure à 15 mg/l et en nitrites inférieure à 0,05 mg/l. C'est par exemple le cas de Mont Roucous, Evian, Montcalm (eau de source) ou de Volvic.
- La mention « convient pour un régime sans sel » indique que la teneur en sodium est inférieure à 20 mg/l. C'est par exemple le cas d'Evian, Mont Roucous, Vittel, Volvic, Perrier, Contrex, Thonon ou Wattwiller.

Naturellement gazeuse ?

Saviez-vous que toutes les eaux pétillantes ne sont pas naturellement gazeuses ? Certaines sont renforcées au gaz capté à même la source : ce sont les « eaux minérales naturelles renforcées au gaz de la source ». Parfois, le gaz provient d'ailleurs, ce sont les « eaux minérales naturelles gazeuses avec injonction de gaz carbonique ». Il existe cependant des « eaux minérales naturellement gazeuses ». C'est le cas de Badoit.

Une eau pour tous les âges de la vie

Il ne faut pas attendre d'avoir soif pour boire, car c'est le signal que la déshydratation a déjà commencé !

L'eau des femmes enceintes

Vous gagnez 7 l d'eau durant la grossesse, dont un tiers pour le fœtus et son liquide amniotique. Il faut donc boire au moins 2 l par jour, notamment pour alimenter l'important travail des reins qui en résulte et éviter les infections urinaires ou les calculs rénaux. L'eau peut aussi vous apporter des compléments en calcium et en magnésium pour jouer la carte de la relaxation et de la détente. Après l'accouchement, n'oubliez pas que le lait bu par le bébé au sein provient en partie de l'eau que vous buvez ! Passez de 2 à 2,5 l d'eau par jour : votre dose, et celle du bébé !

Quand boire ?

Régulièrement toute la journée, de préférence entre les repas.

Quelle eau choisir ?

Une eau magnésienne et calcique, à alterner avec une eau peu minéralisée pour éviter les surcharges. Évitez les eaux trop sodiques qui peuvent entraîner la formation d'œdèmes.

La clé d'une bonne consommation d'eau minérale, c'est d'alterner les marques en fonction de son état de santé, de ses goûts et de sa curiosité !

L'eau des nourrissons

Pour les biberons, choisir des eaux minérales naturelles, c'est choisir l'option sécurité. Elles seules peuvent garantir des taux de nitrate inférieurs à 15 mg/l (les nitrates, en se transformant en nitrites, risquent d'entraîner une réaction en chaîne qui mène à l'asphyxie du nourrisson).

Quand boire ?

Respecter ses horaires de tétées ou de biberon. Augmentez les doses si la température dépasse les 25 °C, et en cas de fièvre.

SOURCE PAVILLON
POUR LE RÉGIME
SOURCE PAVILLON
EAU MINÉRALE NATURELLE
DE
CONTREXÉVILLE
(VOSGES)
REINS
ET
FOIE
CONTREXÉVILLE

Quelle eau choisir ?

Une eau plate, dont la teneur en nitrates est inférieure à 15 mg/l, et de préférence faiblement ou moyennement minéralisée, hyposodée, pauvre en sulfates (pour le goût). Certaines eaux affichent la mention « convient à la préparation des aliments pour nourrissons ».

L'eau des femmes au régime

Boire ne fait pas maigrir, mais cela aide l'organisme (et surtout les reins) à se débarrasser de déchets métaboliques, en particulier l'acide urique et l'urée. Les eaux diurétiques favorisent le renouvellement de l'eau du corps.

Certaines apportent aussi des compléments en minéraux que l'alimentation restreinte n'apporte plus ! Enfin, boire un grand verre d'eau avant les repas pourrait, chez certaines, atténuer la sensation de faim…

Quand boire ?

Entre les repas.

Ci-dessus : *La diurèse accompagne le régime : il est recommandé de boire 3 ou 4 l d'eau minérale diurétique pour accélérer le nettoyage de l'organisme.*

Ci-contre : *Contrex, l'une des plus anciennes stations thermales de France, est réputée depuis fort longtemps pour ses cures minceur.*

L'eau du troisième âge

Avec l'âge, la sensation de soif diminue, la peur de l'incontinence apparaît, la consommation d'aliments se réduit : le volume d'eau dans le corps descend à 50 % chez les seniors. D'où un risque de déshydratation avec des effets induits (torpeur, étourdissements, constipation chronique, etc.) et des carences en sels minéraux. Buvez davantage. L'eau joue aussi un rôle auxiliaire dans la prévention de l'ostéoporose.

Quand boire ?

Toute la journée, y compris pendant les repas, car boire facilite l'ingestion des aliments.

Quelle eau choisir ?

Alterner une eau faiblement minéralisée, pour ne pas surcharger l'organisme, et une eau riche en sels minéraux pour pallier les subcarences.

Boire de l'eau minérale, c'est boire la nature à l'état sauvage…

Du bon usage de l'eau minérale

Quand la boire ?

D'une manière générale, il est recommandé de boire surtout entre les repas.

À quelle température ?

Pas glacée ! Préférez la chambrée (entre 15 et 28 °C) si elle est plate, et fraîche s'il s'agit d'une pétillante.

Y a-t-il une date limite de consommation ?

Sur l'étiquette figure une « date d'utilisation optimale » (1 an pour une gazeuse en plastique, 2 ans pour une plate ou une gazeuse en verre). Mais il ne s'agit pas d'une date « limite » de consommation : stockée à l'abri du soleil et dans un lieu clos, une eau minérale a une longue durée de vie !

Quelle quantité ?

Il est recommandé de boire 1,5 l/jour. Préférez une consommation morcelée. Les cas « d'hyperhydratation cellulaire », générant des troubles de la conscience et de l'équilibre, un peu comme si on était soûl, sont rarissimes.

Existe-t-il des règles d'hygiène à respecter ?

Oui. Il ne faut pas laisser la bouteille ouverte, à fortiori s'il s'agit d'une eau gazeuse, car les bactéries se développent rapidement. Une fois ouverte, buvez-la en 24 h. Stockez les bouteilles dans un endroit frais et sec.

Vittel
Perrier
Perrier

Les eaux minérales peu minéralisées, à consommer sans modération !

Mont Roucous, l'eau minérale la moins minéralisée !

Avec son résidu à sec de 19 mg/l, c'est l'eau minérale la moins minéralisée de France ! Elle est idéale pour les bébés et pour tous ceux qui veulent limiter leurs apports minéraux, notamment en calcium et en sodium. L'eau de la « Montagne des Petites Pierres » (« Mont Roucous » en Occitan) naît à 927 m d'altitude, dans un massif forestier protégé de 60 ha, situé dans le Parc naturel régional du Haut-Languedoc. Son parcours souterrain dans la roche granitique des monts Lacaume lui confère un goût minéral, léger, avec une pointe d'amertume. Découverte par hasard en 1973, elle a d'abord été vendue comme eau de source, avant d'être homologuée « eau minérale naturelle » en 1993.

Variété : plate.

Minéralisation : 19 mg/l.

Calcium (Ca) = 1,2
Magnésium (Mg) = 0,2
Sodium (Na) = 2,8
Potassium (K) = 0,4
Sulfates (SO) = 3,30
Bicarbonates (HCO) = 4,9
Chlorure (Cl) = 3,2
Nitrates (NO) = 2,3
pH = 6

Groupe : Danone.

Saint-Amand, une saveur reconnue

L'eau de Saint-Amand est forée à 90 m de profondeur, dans une faille de calcaire carbonifère préservée de toute pollution (elle affiche un taux de zéro nitrate). Découverte par surprise, en 1804, à proximité de la petite ville thermale de Saint-Amand-les-Eaux (Nord), elle naît de la source du clos de l'Abbaye, au débit impressionnant de 690 000 l/h (dont seule la moitié est exploitée). Les premiers embouteillages remontent à la première guerre mondiale. Aujourd'hui, cette eau fluorée (2 mg), moyennement minéralisée et calcique est vendue essentiellement dans le Nord, l'Ouest, l'Est et la région parisienne. Son goût équilibré, légèrement minéral et sa grande fluidité en font une eau très agréable. Elle a été désignée « saveur de l'année 2002 » par un panel de consommateurs.

Variété : plate et gazeuse (avec adjonction de CO_2), aromatisée.

Minéralisation = 889 mg/l.
Ca = 176
Mg = 46
Na = 28
K = 6
SO = 372
HCO = 312
Cl = 40
NO = 0
pH = neutre

Groupe : Société minérale des eaux de Saint-Amand.

Evian, le goût de référence

Originaire de Haute-Savoie, Evian est une eau faiblement minéralisée, hyposodée, au goût léger et neutre. C'est le « goût de référence » pour les dégustateurs d'eau. Elle convient à tous les âges de la vie, à tous les régimes alimentaires.

Durant plus de 15 ans, à raison de 300 m par an, elle s'infiltre lentement dans le nord du massif alpin, et chemine à travers des sables glaciaires enserrés par deux couches d'argile imperméables issues du quaternaire.

Son histoire débute en 1789 lorsqu'un certain marquis de l'Essert, atteint de calculs, est guéri grâce à l'eau d'Amphion-les-Bains. Aussitôt, le propriétaire de la source, M. Cachat, décide d'en faire commerce et les premières bouteilles d'Evian apparaissent en 1826. Jusqu'en 1971, elles sont vendues exclusivement... en pharmacie ! Aujourd'hui, l'usine d'embouteillage d'Amphion est la plus grande usine d'eau minérale plate embouteillée du monde (5 à 6 millions de l/jour) !

Variété : plate.

Minéralisation = 309 mg/l.
Ca = 78
Mg = 24
Na = 5
K = 1
SO = 10
HCO = 357
Cl = 4,5
NO = 3,8
pH = 7,2

Groupe : Danone.

Vittel, l'eau de la vitalité

Les abondantes pluies qui s'infiltrent dans le plateau calcaire de Vittel (Vosges occidentales), protégé par de généreuses couches d'argile, traversent des strates de calcaire et de grès avant d'émerger aux griffons des thermes de Vittel.

L'histoire de l'eau de Vittel est liée au thermalisme. La station thermale, sertie dans un magnifique parc boisé, naît en 1855 et devient célèbre pour ses cures de rhumatologie ou ses traitements contre les infections urinaires et digestives. Une des deux sources du griffon (Grande Source) est déclarée d'intérêt public en 1903 et est commercialisée sous le nom de Vittel.

Vittel est une eau sulfatée calcique, peu sodée et très diurétique. Elle convient aux régimes sans sel. Son goût est discret, doux, avec une légère pointe saline, et un agréable pouvoir désaltérant.

Variété : plate et aromatisée.

Minéralisation = 841 mg/l.
Ca = 202
Mg = 36
Na = 3,8
K = 2
SO = 306
HCO = 402
Cl = 7,2
NO = 6
pH = 7,2

Groupe : Nestlé.

Les eaux riches en minéraux : sachez profiter de leurs bienfaits

Hépar, l'eau anti-fatigue

À sa découverte, en 1873, elle fut baptisée la « source salée » pour caractériser son exceptionnelle teneur en sels minéraux. Aujourd'hui encore, c'est l'une des eaux les plus riches en minéraux et notamment en magnésium (110 mg/l, soit un tiers des apports journaliers recommandés). Elle est indiquée contre la fatigue, les insomnies, l'irritabilité et la constipation, y compris celle du nourrisson, mais seulement sur avis médical (elle leur est déconseillée en règle générale). En cure, elle traite les affections du foie et des voies biliaires. Hyposodée, elle convient aux régimes sans sel.

La source d'Hépar émerge à l'ouest du plateau calcaire vosgien, à quelques kilomètres au nord de la source de Vittel. Son parcours au travers des argiles riches en gypse et en anhydrite lui confèrent sa grande minéralité et son goût caractéristique. Elle est souple en bouche, et laisse un arrière-goût frais.

Variété : plate.

Minéralisation = 2 580 mg/l.
Ca = 555
Mg = 110
Na = 14
K = 4
SO = 1479
HCO = 403
Cl = 11
NO = 2,9
pH = neutre

Groupe : Nestlé.

Quézac, l'eau des Celtes

Ce sont les Celtes qui furent les premiers amateurs de la source naturellement pétillante qui bouillonne au pied des falaises sauvages du causse Méjean (Lozère). Au XIe siècle, on vient à la source Quézac en pèlerinage, car l'eau a la réputation de provoquer des guérisons miraculeuses. Aujourd'hui, il est avéré que Quézac, fortement minéralisée, bicarbonatée sodique, calcique et magnésienne, est bienfaisante pour les problèmes intestinaux ou hépatiques et apporte des compléments minéraux intéressants (notamment en fluor). Exploitée depuis 1859, elle fut d'abord vendue sur le plan local, avant d'être commercialisée dans la France entière depuis 1995. Ses bulles, très fines, rafraîchissantes, et son goût légèrement salin en font une boisson très agréable.

Variété : pétillante.

Minéralisation = 1 656 mg/l.
Ca = 241
Mg = 95
So = 255
Po = 49,7
Sf = 143
Bi = 1685,4
Ch = 38
Ni = < 1
pH = 6,1

Groupe : Nestlé.

Saint-Yorre, hautement minéralisée

Les eaux de Saint-Yorre tirent leur forte minéralisation du bassin de Vichy (Allier). Elles circulent profondément dans des couches de sable et d'argile (entre 40 et 100 m de profondeur), puis sont propulsées vers la surface par les gaz carboniques et les fortes pressions artésiennes. Bicarbonatées, sodiques, elles facilitent la digestion, traitent les affections du foie et des voies biliaires et apportent une recharge importante en sodium et potassium. Leur taux élevé de fluor (9 mg) et de sodium doit attirer l'attention. Saint-Yorre est déconseillée aux femmes enceintes, aux enfants en bas âge et aux régimes sans sel.

La première exploitation officielle d'une des nombreuses sources Saint-Yorre remonte à 1850. Dotées d'une minéralisation identique et d'une même température, ces eaux issues de sources différentes sont aujourd'hui acheminées vers un centre d'embouteillage unique et réunies sous l'appellation « Saint-Yorre ».

Elles sont décantées et « regazéifiées » avec leur propre gaz. Le goût de l'eau de Saint-Yorre est très salé avec un arrière-goût d'aspirine.

Variété : gazeuse.

Minéralisation = 4 774 mg/l.
Ca = 90
Mg = 11
Na = 1708
K = 132
SO = 174
HCO = 4368
Cl = 322
NO = < 1
pH = 6,6

Groupe : Neptune.

Les sources rares, des eaux qui savent se faire désirer

Variété : plate et effervescente (Jouvence, la variété pétillante, est née en 2003).

Minéralisation = 1 092 mg/l.
Ca = 288
Mg = 20,1
Na = 3
K = 1,4
SO = 678
HCO = 142
Cl = 3,9
NO = 0
pH = 7,5

Groupe : Les grandes sources de Wattwiller.

Wattwiller, l'eau rare

L'eau de Wattwiller est rare parce que sa ressource est limitée (14 000 l/h, soit 500 000 bouteilles par an). Née dans les Vosges, à 1 100 m d'altitude, elle s'infiltre dans la roche jusqu'à 400 m de profondeur avant d'émerger dans le joli kiosque du « village de l'eau » (Wasserweiller en Alsacien), important pôle du thermalisme régional au XIXe siècle. Le premier embouteillage de l'eau de Wattwiller date du début du XXe siècle. Détruite pendant la guerre puis reconstruite en 1924, l'usine connaîtra une nouvelle éclipse à partir de 1972. Rachetée par un industriel en 1992, l'eau de Wattwiller est devenue une eau « haut de gamme ». Pure (elle affiche un taux de zéro nitrate), fortement minéralisée, sulfatée calcique (288 mg/l), fluorée et très peu sodique, elle est diurétique et possède de nombreuses vertus pour la croissance ou l'émail des dents. Son goût est doux et très équilibré. Il s'agit d'une boisson précieuse.

Chateldon, l'eau du Roi Soleil

« Ces Eaux guériront Votre Majesté parfois, la soulageront souvent et la consoleront toujours. » C'est en ces termes que l'eau de Chateldon est présentée en 1650 au Roi Soleil par son médecin personnel, un sieur Fagon. Conquis, Louis XIV exige de s'en faire livrer. Au milieu du XIXe siècle, un autre médecin, de Louis XV cette fois, sûr des vertus de Chateldon, fonde un établissement thermal. Il sera abandonné à la fin du second Empire et la source sombre alors dans l'oubli. C'est Pierre Laval, ministre du maréchal Pétain, qui sauve Chateldon, obtenant sa reconnaissance auprès de l'Académie de médecine.

Aujourd'hui, cette eau rare, très rafraîchissante, au goût légèrement rocheux et aux bulles raffinées, orne les plus grandes tables et n'est vendue que chez certains cavistes et épiceries fines, à des prix élevés. Il faut dire que son débit est très parcimonieux (300 l/h, 480 bouteilles/h). Richement minéralisée, bicarbonatée, calcique et sodique, elle apporte des compléments intéressants.

Variété : gazeuse. (décantée et regazéifiée avec son propre gaz).

Minéralisation = 1 882 mg/l.
Ca = 383
Mg = 49
So = 240
Po = 35
Sf = 20
Bi = 2075
Ch = 7
Ni = 0
pH = 6,2

Groupe : Neptune.

Les belles étrangères (vendues en France), un beau voyage gustatif

San Pellegrino, un certain chic transalpin

C'est un moine pèlerin, San Pellegrino, qui (re)découvrit la source au XIIIe siècle et lui donna son nom et son emblème, la croix rouge des pèlerinages. Elle jaillit à 25 °C dans la vallée alpine de Brembana, près de Bergame (Lombardie, Italie). C'est une eau thermale très pure (moins de 1 mg/l de nitrate), moyennement minéralisée, connue depuis l'Antiquité et dont les thermes sont encore fréquentées aujourd'hui. Depuis son premier embouteillage, en 1899, elle est devenue l'eau la plus populaire d'Italie. Bicarbonatée calcique, magnésienne et sodique, elle convient aux problèmes gastriques et intestinaux, mais doit être évitée en cas de régime sans sel. Elle est gazéifiée par injonction de gaz carbonique et ses bulles légères, laissent s'épanouir un goût alcalin assez neutre.

Variété : pétillante.

Minéralisation = 1 074 mg/l.
Ca = 208
Mg = 53,5
So = 42
Po = 2,8
Sf = 534,6
Bi = 222,7
Ch = 68
Ni = < 1
pH = 7,5

Groupe : Nestlé.

Ty Nant, l'eau galloise bleu cobalt

Cette eau au flacon caractéristique bleu cobalt nous vient du pays de Galles, dans la région de Bethania. Elle fut (re)découverte par un sourcier en 1976, à la demande d'une jeune femme nommée... Ty Nant, qui donna ainsi le coup d'envoi à son exploitation. L'habillage bleu profond de la bouteille, une innovation à l'époque, date de 1989. Ce choix audacieux fit beaucoup pour la renommée de la marque. Faiblement minéralisée, Ty Nant est d'une grande pureté (0,1 mg/l de nitrates), et son goût est très équilibré, frais et généreux. Elle est de plus en plus présente dans nos linéaires et devrait poursuivre son expansion internationale dans les années à venir.

Variété : gazeuse et plate.

Minéralisation = 190 mg/l.
Ca = 29
Mg = 8,5
So = 35,8
Po = 1,4
Sf = 5
Ch = 12
Ni = 0,1
pH = 7,9

Groupe : Ty Nant Spring Water.

Ferrarelle, l'eau volcanique de Naples

Cette pétillante Italienne naît dans une région volcanique, le bassin de Riardo, au nord de Naples. La tradition rapporte que les Romains, férus de thermalisme, la fréquentaient assidûment pour ses grandes vertus thérapeutiques. Moyennement minéralisée, bicarbonatée, calcique, elle peut convenir à tous les régimes alimentaires. Son goût, avec un départ rocheux, laisse s'épanouir des bulles fines, qui enrobent toute la bouche. Elle fait des apparitions de plus en plus fréquentes sur les tables françaises.

Variété : pétillante.

Ca = 408	Sf = 5
Mg = 23	Bi = 1 513
So = 50	Ch = 21
Po = 41	Ni = 4

Groupe : Danone.

Et encore...

Pour élargir votre choix, n'hésitez pas à vous rendre dans les grandes et moyennes surfaces ou les épiceries de votre région. Vous découvrirez des trésors... Quelques exemples :

Parot

L'eau naturellement gazeuse deSaint-Romain-le-Puy, dans la Loire. Riche en minéraux (1 805 mg/l), elle possède un goût puissant. Vendue dans les grandes surfaces de la région Rhône-Alpes.

Ogeu

L'eau minérale artésienne des Pyrénées (d'Ogeu-les-Bains). Faiblement minéralisée et peu gazeuse, son goût est riche et fruité. Vendue dans les supermarchés du Sud-Ouest, de l'Ouest et d'Île-de-France.

Plancoët

L'eau minérale « zéro nitrate » de Bretagne. Faiblement minéralisée (231 mg/l) et très pure, elle naît à une vingtaine de kilomètres de la côte d'Émeraude et est vendue essentiellement en Bretagne.

Sail-les-Bains

L'eau élevée par Louis Pasteur au « premier rang des eaux les plus actives » au XIXe siècle. Née dans la Loire, elle possède un bon taux de fluor (4,4 mg/l) et de silice.

Le marché des eaux minérales et de source connaît un « boom » sans précédent, faites vos choix et dénichez votre perle rare !

Vittel
Vittel

GASTRONOMIE.
« L'EAU, UN PLAISIR GOURMAND »

Note salée, amère ou minérale... Eau légère, fluide ou âpre, aux bulles fines ou épanouies... C'est une évidence : l'eau minérale a un goût et une texture.

Vous pensiez savoir la boire ? Affinez votre palais en identifiant l'origine de son goût, en jouant avec le vocabulaire *ad hoc* et en lisant l'avis des plus grands chefs. Ensuite, commandez différentes eaux minérales dans un restaurant ou un bar à eaux, variez les combinaisons avec vos plats préférés. Repensez alors à leur lent parcours souterrain. Et rappelez-vous que c'est là, au cœur de la terre, qu'elles ont acquis leurs caractéristiques organoleptiques...

Le goût de l'eau

Au temps où l'on ignorait tout de la bactériologie et des micro-organismes pathogènes, le goût de l'eau jouait un puissant rôle d'alerte.

C'est ainsi que la première chloration, à la fin du XIXe siècle, fut réalisée pour supprimer... une odeur de fosse septique, désinfectant l'eau par la même occasion, sans que personne n'en ait conscience ! D'ailleurs, les premières normes de potabilité, reprises par l'Organisation mondiale de la santé, considéraient en premier lieu que l'eau devait être dénuée d'odeurs et de goûts désagréables.

Récemment, c'est encore grâce au goût que l'on a identifié la pollution d'un lot de bouteilles par un hydrocarbure.

Aujourd'hui, le mauvais goût de l'eau, lié au chlore par exemple, est la raison principale avancée par les réfractaires à l'eau du robinet. Naturellement potables, les eaux minérales, ne nécessitent quant à elles pas de traitement au chlore. Leur goût résulte uniquement de leur minéralisation et de la présence ou non de gaz carbonique.

Mais l'évaluation du goût de l'eau est très subjective, car elle est en grande partie liée à la saveur de notre salive et dépend de la circonstance de la dégustation (à jeun, entre deux plats, sucrés ou salés, etc.). Pour se repérer, les « taste-eaux » (littéralement les « goûteurs d'eau », des personnes formées à la dégustation de l'eau) ont élu Evian comme « eau de référence » en raison de son goût

Les minéraliers forment des « goûteurs d'eau » chargés de déceler d'éventuelles traces de pollution ou des défauts de fabrication (goût de plastique, etc.).

neutre, et ont élaboré un vocabulaire dont voici les clés principales. Libre ensuite à chacun d'élaborer son propre jeu lexical, en fonction du lieu, de son humeur ou de ses compagnons de table !

Des deux sources de Vittel, seule Grande Source (841 mg/l), est embouteillée sous le nom de Vittel. La seconde, Bonne Source, est utilisée pour les soins.

On identifie plusieurs saveurs. Sachez les associer aux éléments minéraux contenus dans l'eau :

• *saveur salée* : liée à la présence de chlorures de sodium ou de sulfates. Elle concerne surtout les pétillantes ;

• *saveur amère (et légèrement salée)* : résulte de la teneur en magnésium ;

• *saveur alcaline, fraîche* : indique la présence de bicarbonates ;

• *saveur rocheuse* : provient de la silice. On parle aussi d'un goût de pierre à feu ou de silex ;

• *saveur acide ou douceâtre* : elle est alcaline et légèrement sucrée ;

• *saveur métallique, ou goût de terre* : désigne souvent des eaux issues de sols crayeux.

Enfin, comme les vins, l'eau possède un arrière-goût : il peut par exemple être astringent lorsque les muqueuses se contractent après le passage de l'eau, ou amer.

De la subtilité des bulles

Renforcée avec son propre gaz, Perrier, l'eau bouillonnante de Nîmes, a longtemps été surnommée « Bouillens »...

La taille et la densité des bulles sont déterminantes pour le goût. Elles peuvent être fugitives, piquantes (comme de toutes petites aiguilles sur la langue), « moustillantes » (avec un léger picotement comme si les bulles se promenaient sur le palais) ou denses en bouche. Elles peuvent aussi donner la sensation d'éclater en bouche lorsqu'elles sont plus grosses. Quand les bulles éclatent, les oreilles perçoivent un crépitement, ou un simple pétillement lorsque ce son est intermittent et plus faible.

À noter : Les eaux plates contiennent aussi du CO_2, mais à un seuil inférieur à 250 mg/l, où on ne le perçoit pas. Contrairement aux pays germaniques (les Allemands boivent 95 % d'eaux gazeuses et 5 % de plates), les Français consomment majoritairement des eaux plates (80 % d'eaux plates, 20 % de gazeuses).

L'eau à la bouche...

Lors d'une dégustation d'eau, tous nos sens sont mis à contribution. Sauf peut-être le toucher, quoique... Certaines bouteilles ont des formes galbées, agréables à effleurer, et d'autres possèdent des prises « ergonomiques » très pratiques...

Les eaux minérales, serties dans des bouteilles d'apparat, s'invitent aux plus grandes tables...

Le nez, le premier à entrer dans la danse, capte les arômes qui suivent une voie « rétronasale » interne, du palais au nez. Il détecte aussi les notes minérales ou les effets de fraîcheur créés par l'évaporation du gaz carbonique des eaux pétillantes.

Les muqueuses du palais perçoivent les sensations, plates ou pétillantes, liées à l'effervescence de l'eau. C'est en bouche que la texture de l'eau se révèle, dure, râpeuse, résistante (accrochant le palais), ou au contraire douce et fluide quand elle s'écoule bien. Quand aucune saveur ne prédomine, on dit que l'eau est équilibrée.

Quant à nos yeux, ils peuvent évaluer la brillance d'une eau, sa transparence ou l'originalité d'une bouteille, et ils sont de plus en plus sollicités par les efforts des designers !

Colette, un bar à eaux d'avant-garde

Une carte qui affiche 80 références d'eaux du monde entier : le bar à eau de « Colette », magasin d'avant-garde ouvert en 1997 où l'on trouve pêle-mêle maquillages, vêtements de créateurs et objets design d'art, est un lieu unique qui offre un sacré voyage gustatif ! De tels bars à eaux sont très rares. C'est au sous-sol que les bouteilles font leur show. Posant sous les projecteurs dans leurs flacons colorés aux allures d'alambic, les eaux s'offrent même le luxe d'une carte de petits plats conçus pour se marier avec elles ! Ici, les bouteilles sont choisies avant tout pour leur « look ». Les préférées ? L'élégante Wattwiller qui évoque une flasque de vodka, la Voos autrichienne aux allures de parfum de Calvin Klein, ou la Ty Nant, pionnière dans la couleur. Le goût qui plaît ? Une eau légèrement pétillante, aux bulles très fines, et à la saveur discrètement minérale. On y trouve des eaux « conceptuelles » qui font rêver (ou rire, selon l'humeur) comme la « Cloud Watter », l'eau des nuages de Tasmanie composée de 4 800 gouttes de pluie, ou la « K2 » puisée au sommet d'un mont de l'Himalaya... Plus proches de nous, la Saint-Georges et l'Orezza, deux eaux corses, fortes en bouche, sont choisies les yeux fermés par les *aficionados*...

Histoire d'une carte des eaux

Témoignage de Franck Jaulneau, responsable de la restauration à l'hôtel Montalembert (Paris 7e) et ancien directeur du Jardin d'Hiver de l'hôtel Meurice (Paris 8e).

Il faut initier les consommateurs aux différents goûts des eaux (ici Marc Marchand, chef à l'hôtel Meurice).

« J'ai élaboré la carte des eaux du Jardin d'Hiver en 2002. Cette initiative répond à une éthique personnelle : pour moi, l'eau représente un art de vivre, un plaisir à partager (je bois beaucoup d'eau et rarement de l'alcool). L'écologie de l'eau, sa pureté et sa naturalité constituent des valeurs fondamentales dans nos sociétés urbaines.

« Je déniche mes nouvelles trouvailles minérales au gré de mes voyages. Si leur goût me plaît, et à condition que leur bouteille soit originale, je les rapporte ! Mais ensuite, pour les inscrire sur une carte, il faut qu'elles aient un circuit de distribution opérationnel, ce qui n'est pas toujours le cas pour une eau japonaise, de Tasmanie ou de Nouvelle-Zélande. Ensuite, j'ai formé le personnel. Tous les trois mois environ, ils ont dégusté les nouvelles eaux et appris le vocabulaire qui leur permet de les proposer à la clientèle. Pour offrir une eau à des clients, il faut commencer par départager ceux qui préfèrent le gazeux des amateurs d'eau plate. Il faut ensuite leur décrire les nuances de goûts (salé, amer, etc.) et les sensations auxquelles ils peuvent s'attendre en bouche (piquante, douce, équilibrée ou forte en bouche...). C'est assez ludique. Mon plus ? J'ai proposé les eaux assorties aux plats, comme un voyage : la Ferrarelle italienne pour accompagner un plat de pâtes fraîches ou la Bru, eau belge au caractère "bonhomme", pour alléger une petite choucroute.

« J'aime servir une eau différente en fonction des moments de la journée : des bulles fines pour les déjeuners (Chateldon est la "star" des déjeuners d'affaire...) ou des bulles plus présentes à l'heure du thé où je sers des "eaux de salon", parfois légèrement aromatisées. À la tombée du jour, je propose des eaux "de voyage", plus calmes, comme la galloise Ty Nant dans son beau flacon bleu. »

« Toqués » d'eau minérale : les confidences de grands chefs étoilés

L'eau minérale s'invite aux grandes tables. Certes, tous les grands chefs étoilés n'ont pas encore leur carte des eaux. Mais ils attachent une importance grandissante à ce nectar naturel.

« L'eau de Bretagne est bien trop polluée ! »

Olivier Rœllinger, Cancale (Bretagne).

« Mon restaurant est situé sur le littoral du pays Malouin : mon eau préférée, c'est la mer ! À vrai dire, je l'utilise parfois, coupée avec de l'eau distillée. Mais je ne peux pas en boire tout le temps ! Sensible au monde fluide de l'eau, je réalise qu'il est temps de tirer la sonnette d'alarme, y compris à notre niveau, dans la gastronomie : l'eau de Bretagne est bien trop polluée ! Je ne sers jamais de carafe d'eau du robinet, et dans mon hôtel, je place même des petites affichettes qui déconseillent l'eau du robinet aux clients... En cuisine, je privilégie l'eau de source ou l'eau minérale pour mes bouillons, nages, sauces, ou pour fabriquer le pain. Je les préfère faiblement minéralisées, au goût neutre, pour qu'elles s'accordent avec tous mes plats. Je n'ai pas encore de réelle carte des eaux, et j'aimerais bien, un jour, offrir à mes hôtes des eaux venues de tout l'arc celtique. Mais avant tout, je suis préoccupé par l'avenir écologique de l'eau... »

« L'eau permet de faire palais vierge. »

Bernard Fournier, Le Petit Colombier (Paris 17e).

« Mon établissement est spécialisé dans les gibiers et la truffe, des mets au goût puissant. Alors, convenons-en, l'harmonie réelle s'établit entre un plat et un vin ! Cela dit, l'eau minérale a un rôle majeur à jouer, à des instants bien précis du repas : au moment de la mise en bouche, elle ouvre l'appétit ; entre deux plats ou deux vins, rouge et blanc par exemple, elle permet de faire "palais vierge", c'est-à-dire de purifier la langue et le palais pour les rendre plus aptes à recevoir les nouveaux goûts. Nous disposons d'une carte des eaux, composée d'une petite dizaine d'appellations, en grande majorité françaises. Grâce à cette carte, nous initions nos clients et ils se laissent conseiller avec plaisir et curiosité. L'après-midi, nous proposons surtout des eaux pétillantes et le soir, plutôt des eaux plates ou des crus à bulles très fines... »

« L'eau minérale seule respecte les arômes de mes plats. »

Marc Veyrat, Veyrier du Lac (Haute-Savoie).

« Pour ma cuisine, l'eau minérale est la meilleure alliée qui soit. Elle n'ajoute ni ne dénature rien : elle seule peut respecter les arômes de mes plats, composés essentiellement de fleurs, d'herbes, de racines, de fruits et de légumes. Et pour que mes plantes délivrent totalement leurs arômes, je la chauffe même légèrement… Je choisis les eaux minérales pour leur sécurité et leur goût constant. Je préfère les goûts neutres. Depuis quelques années, j'en utilise des volumes considérables, car j'ai remplacé les fonds de sauce ou les crèmes par des bouillons de légumes aux eaux minérales ! Mon restaurant propose une carte composée d'une dizaine d'eaux minérales. J'y suis très attaché. C'est une démarche personnelle : comme pour le pain, je ne conçois pas de repas sans eau. L'eau est vitale pour la santé et l'hygiène de vie. Moi-même, je bois plus de trois litres d'eau par jour… »

« Offrir l'eau de la source, un symbole d'hospitalité. »
Michel Bras, Laguiole (Aveyron).

« Mon pays, c'est l'Aubrac, un pays où courent les ruisseaux et les cascades. Un pays d'eaux ! L'eau que je sers et que j'utilise dans ma cuisine est puisée dans une source qui court à 50 m sous mon restaurant. Cette eau est parfaite : elle est nette, claire, pure, rafraîchissante et vive. Son goût est assez neutre et se marie bien avec mes plats aux goûts naturels, authentiques et ludiques. Je suis très attaché à cette eau de source car c'est l'eau que je buvais quand j'étais plus jeune. En salle, je l'offre à nos hôtes dans une jolie carafe. Pour rien au monde je ne la vendrais. Je la prélève dans la

nature, et il est normal qu'elle soit restituée avec naturel. C'est une tradition. Quand mes parents tenaient l'auberge de Laguiole, dans la vallée, ils offraient toujours l'eau de source aux clients ou aux voyageurs de passage. Puis elle a été chlorée et son goût a changé… Mais ici, sur les hauteurs de ces falaises de granit, l'eau est naturellement pure, elle ne subit aucun traitement. Cette source participe à notre identité. Offerte, elle s'accorde à nos valeurs d'hospitalité et d'amitié. »

ENVIRONNEMENT. « LES PAYSAGES DE L'EAU, FRAGILES ÉCRINS À PRÉSERVER. »

Parce qu'elles doivent être « naturellement potables » et ne peuvent donc subir aucun traitement (par exemple une dénitrification pour éliminer les nitrates), les sources d'eaux minérales sont surveillées de près. Or, si certaines sources naissent dans des sites sauvages et inondés de chlorophylle, d'autres voient le jour dans un patchwork d'activités rurales, industrielles ou urbaines. Des résidus agricoles et urbains peuvent alors ruisseler, de façon diffuse, sur l'impluvium (zone où les eaux de pluie pénètrent le sol) et s'infiltrer par des micro-failles dans la roche où ils rejoignent le circuit des eaux de pluie. En mars 2000, le magazine *Que Choisir ?* a retrouvé des traces de nitrates et de résidus d'atrazine (pesticide) dans certaines eaux minérales et de source. Certes, il s'agit de doses infinitésimales, bien en deçà des seuils autorisés, mais ces données confortent les minéraliers dans leurs efforts. Car ils savent qu'en achetant une bouteille d'eau minérale, les consommateurs exigent une eau pure. Wattwiller, Plancoët, ou Saint-Amand par exemple, affichent d'ailleurs fièrement leur taux de zéro nitrate.

Les parades des minéraliers

Les premières mesures de protection des sources ont été prises pour régler des conflits de voisinage. Ce fut l'objet du traité du 5 juillet 1856, en vertu duquel une eau déclarée « d'intérêt public » bénéficie d'un périmètre de protection où tous travaux souterrains (sondages) ou activités sont sévèrement contrôlés, y compris sur un terrain appartenant à autrui. Depuis le décret du 20 décembre 2001 (art. 5), toutes les eaux destinées à la consommation humaine ont des périmètres de protection.

Mais hormis ces périmètres, les autres mesures destinées à protéger la qualité de la ressource relèvent de l'initiative des minéraliers.

Ainsi, par exemple, certains minéraliers organisent des systèmes de partenariat avec les acteurs ruraux.

La pollution diffuse, qui ruisselle et rejoint le réseau souterrain des eaux minérales, est une réelle menace.

Evian a créé un périmètre de 100 hectares autour de la source située en pays de Gavot, en Haute-Savoie, à 367 m d'altitude. Il s'agit de protéger l'importante zone humide qui joue un rôle de filtre pour l'eau minérale d'Evian. Depuis 1992, communes et agriculteurs (95 % d'entre eux ont signé une charte de qualité), dûment subventionnés par Evian, limitent leurs pollutions, pratiquent les cultures raisonnées et labellisées, acquièrent du matériel agricole performant, les communes construisent des stations d'épuration, etc.

Les minéraliers développent des partenariats anti-pollution avec les acteurs ruraux (agriculteurs, communes, etc).

Nestlé a quant à elle créé une filiale spécifique en 1992, Agrivair, entièrement dédiée à la protection des impluviums des sources Vittel et Contrex. Sa stratégie : proposer un cahier des charges visant à soutenir l'activité agricole locale tout en réduisant les intrants chimiques. Quatre-vingt-douze pour cent des agriculteurs ont signé une charte de qualité. Et les résultats sont probants : de 8 tonnes de produits phytosanitaires (pesticides), on est passé à zéro, les rejets de nitrates sont passés de 10 à 4 mg/l sous les racines et la culture polluante du maïs a été remplacée par de la luzerne pour nourrir le bétail...

92 % des agriculteurs de Vittel et Contrex se sont engagés à réduire leurs intrants chimiques.

Parallèlement, les revenus nets agricoles ont augmenté. Et le programme se poursuit tous azimuts : il a favorisé l'installation de cuves de stockage pour les produits chimiques en cas d'accident de la route, l'étanchéité des routes et des bords de route, le désherbage thermique des voies SNCF et des golfs...

Mais les minéraliers hésitent à communiquer sur le thème environnemental. Pourtant, selon des études, plus la conscience que l'environnement se dégrade est forte chez le consommateur, plus ce dernier achète d'eau minérale (Nord et Ouest de la France). À l'inverse, lorsque les consommateurs sont confiants dans l'état de leur environnement (Sud de la France), leur consommation d'eau du robinet augmente au détriment de l'eau minérale.

La grande majorité des eaux minérales françaises ont un taux de nitrate inférieur à 15 mg/l, mais certaines le frôlent...

De la source à la table, une exploitation sous haute surveillance

Forage et prélèvement

La source peut émerger naturellement au griffon ou être forée. L'eau est acheminée vers l'usine d'embouteillage située à proximité pour éviter toute contamination lors du transport (8 km séparent les source de Saint-Yorre de son usine d'embouteillage, Evian et son usine sont distantes de 6 km).

Du forage (ici, le kiosque de l'eau de Wattwiller) à la mise en bouteille, l'eau minérale n'est jamais au contact de l'air ambiant.

Traitements autorisés

À ce stade initial, l'eau peut faire l'objet de quelques traitements autorisés, comme la séparation des éléments instables (fer, manganèse, soufre, etc.) qui viendraient troubler les canalisations et la bouteille, ou une filtration grossière pour éliminer les sables... Il s'agit de procédés physiques (décantation, oxydation, etc.), jamais chimiques. L'ajout ou la suppression de gaz carbonique sont également réalisés à cette étape.

La salle de remplissage est le cœur de l'usine. Les mesures d'hygiène y sont drastiques (atmosphère stérile, sas d'accès munis de pédiluves, port de bottes et bonnets obligatoires, désinfection quotidienne des locaux, etc.). Les bouteilles arrivent en file indienne sur un convoyeur. Elles seront dirigées vers la rinceuse (le rinçage se fait soit par air comprimé, soit par eau de la source), puis vers la soutireuse qui les remplit d'eau minérale. Ensuite, les bouteilles sont bouchées, toujours automatiquement, leur niveau d'eau est vérifié (par une machine et un contrôle visuel) et elles seront étiquetées, rassemblées par lots et placées dans un carton ou mises sous film polyéthylène doté d'une poignée de transport. Enfin, elles sont palettisées.

Les matériaux d'emballage doivent répondre à certains critères : protection du produit, résistance, hygiène, inaltérabilité, neutralité (absence de migration de molécules ou de goûts), innocuité. C'est le cas du PVC, du PET et du verre.

Contrôles

Les contrôles sont pluriquotidiens. Ils sont menés par les laboratoires internes des minéraliers, et, en vertu de la réglementation, au moins une fois tous les deux mois, par un laboratoire indépendant agréé. Ils se pratiquent à l'émergence, lors de la mise en bouteille ou pendant le stockage. Les contrôles physico-chimiques vérifient la stabilité de la composition de l'eau et l'absence de pollution ; les contrôles bactériologiques visent à éliminer les éventuels parasites ou micro-organismes pathogènes ; les contrôles mécaniques des bouteilles pleines vérifient leur solidité et leur résistance.

Acheminement

70 % du transport des eaux minérales se fait en train. Lors de cette dernière phase, les bouteilles sont vulnérables au froid (gel), à la chaleur, à un stockage à proximité de produits polluants, etc.

DES LÉGENDES DE L'EAU AU THERMALISME

L'histoire des eaux minérales est indissociablement liée à leur passé thermal, qui crédibilise leurs bienfaits pour la santé. De toute éternité, l'eau fut associée à la jeunesse éternelle, à la fécondité, à la régénération et à la purification. Trouver son salut dans l'eau est une quête qui renoue avec nos origines les plus anciennes et a conduit au succès du thermalisme.

Contes et légendes de l'eau

L'eau est oracle, lieu de sacrifice, divinisée depuis les plus anciennes civilisations, « incarnée » par des nymphes (la nymphe Calypso retient Ulysse prisonnier sur son île durant sept ans), des divinités ou des animaux, comme les serpents ou les dragons. Mais elle est avant tout le symbole de la vie, l'eau fœtale, l'eau fécondante : Zeus, sous la forme d'une pluie dorée, féconde Danaë et lui donne un fils ; les héros dogons sont engendrés par la fécondation de la Terre par la pluie ; des vierges indiennes du Nouveau-Mexique perdent leur virginité au contact de la pluie… L'eau guérit, par le biais de sources miraculeuses et repousse la vieillesse. L'eau de jouvence, ou « eau vive », donne la vie éternelle à celui qui la boit. Elle purifie, aussi : les Égyptiens puisent de l'eau profonde

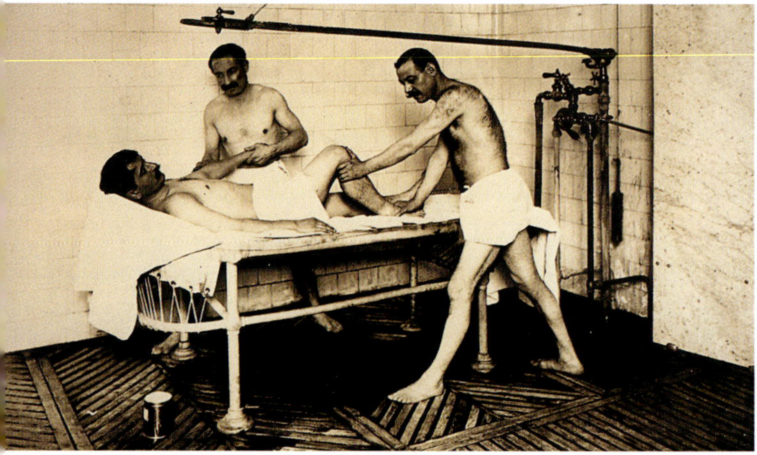

Le « massage à quatre mains » fut la spécialité de l'établissement de Contrex au début du XXe siècle.

au lever du soleil pour purifier leurs temples et boire. Les ablutions précèdent les prières dans de nombreuses religions. Mais l'eau est aussi symbole de fureur divine (déluge) : elle donne la vie et la mort. Enfin, l'eau est source de sagesse. Un proverbe hébreu dit : « Dans le cœur du sage l'eau réside »... Puisse cette sagesse être solvable dans l'eau pour ceux qui la boivent...

Des thermes à la « cure à domicile », l'origine des eaux embouteillées

Le mot « thermes » vient du grec *thermos,* qui signifie « chaleur ». Très tôt, les Grecs construisirent des temples à proximité de sources d'eau chaude, invoquant l'action conjuguée des divinités et des bains pour guérir de nombreux maux. Le savoir-faire des hydrauliciens grecs de l'Antiquité, repris et amplifié par les Romains, grands adeptes de l'hédonisme, donna naissance aux bains, devenus des hauts lieux de plaisirs sensuels sous l'Empire. Les soldats romains viennent aussi y guérir leurs maux. Des amphores d'eau minérale investies de pouvoirs miraculeux circulent sous le manteau.

Le griffon de Bonne Source (Vittel) présente un remarquable exemple d'architecture thermale.

Le déclin de l'Empire, l'hostilité des chrétiens contre la débauche et les plaisirs et la destruction des installations par les Vandales entraînent une longue éclipse du thermalisme. La fréquentation des eaux ne reprendra qu'au milieu du Moyen Âge. D'abord réticente, l'Église fait confier la gestion des sources aux moines et à partir du XIIe siècle, les

Au XVIIIe siècle, les thermes étaient de prestigieux lieux culturels avec théâtre, récitals et festivals.

La rénovation des stations thermales s'accompagne d'un retour à l'esprit initial des thermes : bien-être et relaxation.

thermes antiques sont à nouveau fréquentés, sous les bons auspices des saints. Venue d'Italie, où des médecins étudient les bienfaits de l'eau, la mode thermale renaît en France aux XIIIe, XIVe et XVe siècles.

Au XVIe siècle, l'eau minérale belge Spa, la Ferrarrelle italienne, l'Apollinaris allemande sont déjà célèbres dans les cours d'Europe. Elles sont livrées en jarres de terre cuite. En 1605, un édit d'Henri IV reconnaît les propriétés thérapeutiques des eaux. Mais il faudra attendre la création de la Société royale de médecine (1778) pour garantir leur qualité. Parallèlement, les stations thermales deviennent de véritables pôles culturels sous l'Empire, la Restauration, et surtout le second Empire : concerts, théâtre, salles de jeux et de hasard agrémentent le séjour des curistes.

Les eaux thermales commencent à être conditionnées en petits flacons pour permettre aux curistes de poursuivre leur cure à domicile. Mais c'est Pasteur et ses découvertes scientifiques sur les microbes et la contamination bactérienne des eaux de puits (« Nous buvons 90 % de nos maladies. ») qui lance réellement la consommation d'eau minérale, devenue synonyme de pureté.

Au XIXe siècle, le développement du chemin de fer a contribué au succès de stations thermales comme Vittel ou Contrex. Mais longtemps, la ligne s'est arrêtée à Contrex, sœur ennemie de Vittel, pourtant distante d'à peine quelques kilomètres !

Chemins de Fer de
VITTEL
Vosges
"GRANDE SOURCE"
Uric Acid - Gout - Gravel
Diabetes
"SOURC
Diseases of liv
Obe
CASINO - THEATRE -

evian

TENDANCES.
« LES APPRENTIS SOURCIERS »

L'eau est dans l'air du temps. Légèreté, fluidité, beauté et santé sont les maîtres mots d'une mode rafraîchissante. Mais quel est le sens réel de cet engouement ? Comment les minéraliers jouent avec nos envies, *via* leurs services marketing ? Et quelles seront, demain, les nouvelles tendances de l'eau ? Petit exercice de prospective pour finir notre voyage au pays des eaux minérales.

Un marché en ébullition

Plus de 95 % des ménages achètent déjà de l'eau en bouteille (eau minérale et eau de source confondues). En 2001, les Français ont consommé chacun 94 l d'eau minérale (92 l/personne en 2000), et 43 l d'eau de source (41 l/personne en 2000). Le Français est le sixième plus gros consommateur européen d'eau minérale après l'Italien (154 l/personne/an), le Belge (128 l), le Suisse (106 l), l'Allemand (104 l) et l'Espagnol (96 l). Pour l'eau de source, le Français est largement en tête...

Les Français continuent à se détourner de l'eau du robinet, principalement à cause de son goût et par crainte de maladie (selon un sondage du Centre d'information sur l'eau, 2002). La progression du marché des eaux minérales est aussi dynamisée par les eaux aromatiques (+ 13 % de ventes par an) et par les eaux de source (+ 7 % en volume par an). Les meilleures ventes d'eaux minérales sont réalisées par le « club des 4 » : Evian, Contrex, Volvic et Vittel, rejointes par Hépar, mais leurs parts de marché diminuent en raison de la grande diversification des produits.

Lieux de vente, l'échappée belle

Historiquement, l'eau minérale était vendue en supermarché, sous une forme plastique, ou bien dans les cafés-restaurants, et dans ce cas, la bouteille était en verre. Aujourd'hui, les eaux minérales se développent hors de ce schéma. Elles se ruent dans les stations-services, les sites de restauration rapide (la première apparition d'Evian dans une chaîne de fast-food date de 1998), les boîtes de nuit, inondent tous les lieux voués au transport (gares,

Les grandes surfaces n'hésitent plus à lancer leurs propres appellations d'eau minérale.

aéroports, etc.) et infiltrent la distribution automatique. Plus récemment, elles ont fait leur apparition dans les boulangeries qui proposent des formules de repas à emporter. Les comptoirs des cafés-restaurants tolèrent de plus en plus les bouteilles en plastique. Quant aux grandes surfaces, elles augmentent leurs linéaires d'eaux minérales, suivent les tendances, lancent leurs propres eaux... Enfin, l'eau minérale, surtout « haut de gamme », s'immisce dans les épiceries fines et chez les cavistes !

La nature à boire, les tendances marketing

Comment inciter les Français à boire davantage, tout le temps et partout ? En se démarquant par un message marketing soigneusement élaboré et inscrit dans l'une des grandes tendances actuelles de la consommation. D'abord, l'éternelle quête de santé, dopée par le retour d'un certain hédonisme

La campagne publicitaire de l'eau de Quézac, authentique, scénarisée par Ridley Scott, a fait beaucoup pour sa notoriété.

(santé/plaisir) et le régime-roi. Les jeunes femmes délaissent les *soft drinks*, trop sucrés, les seniors se détournent un peu de l'alcool et tous recherchent des produits sains et sûrs.

Autre thème porteur : la « naturalité ». Les eaux minérales affichent leur acte de naissance dans les parcs nationaux ou les parcs naturels régionaux. L'eau devient une sorte de « carte postale gustative », de la nature à boire ! Le temps d'un verre d'eau, on dévale les glaciers alpins, on escalade les puys d'Auvergne ou les Pyrénées, on randonne dans les forêts vosgiennes, ou on dégringole dans les gorges du Tarn…

Perrier est célèbre pour ses campagnes de pub originales et créatives (ici, celle de Marc Villemot dans les années soixante-dix).

Autre thème : le régionalisme. L'ancrage dans le terroir permet de doper les ventes : la petite Alsacienne en nattes sur l'étiquette de la Carola fait office de blason ; le bouchon de la Saint-Georges, eau de source corse relookée par Stark, est « noir comme la tête du Maure du drapeau » et attire la sympathie de tous ceux qui aiment la Corse !

Pour accompagner la consommation d'eau hors domicile, Evian lance l'eau Nomade, portable d'un doigt, et les petits formats de 50 ou 33 cl se multiplient comme des petits pains dans toutes les marques. Pour susciter un usage domestique de l'eau minérale, Volvic a lancé la fontaine d'eau de 5 l.

Dernier exemple de stratégie : le manque. Ainsi, Wattwiller a communiqué sur le plan national avant même d'être présente dans les linéaires, provoquant un sentiment de curiosité ! Or, son débit, plutôt rare (14 m³/h contre 30 pour Saint-Yorre ou 25 pour Thonon), n'autorise qu'une production limitée. Résultat : les ventes augmentent de 20 % par an depuis 1992 !

L'eau de Wattwiller a longtemps été vendue exclusivement dans sa région d'origine (Alsace).

Design « sur mesure »

Cela fait au moins quatre siècles que les eaux minérales sont embouteillées pour être livrées. Mais de la cruche en terre des Romains au flacon siglé Stark, leur apparence a bien changé. Et pourtant, parallèlement à l'obsessionnelle quête des

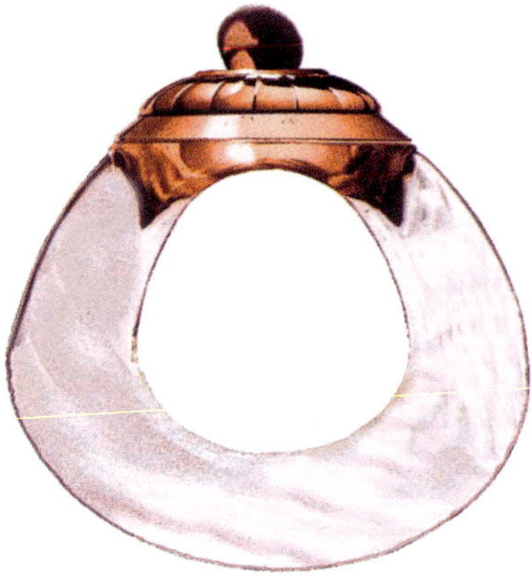

Le prototype du bracelet à boire, un précieux bijoux riche en éléments essentiels…

vertus thérapeutiques, la recherche d'une originalité dans les bouteilles a, semble t-il, toujours existé (terre cuite et grès pour Vichy et Vittel, verre teinté violet pour Uriage, etc.).

Aujourd'hui, la silhouette d'une bouteille est devenu la carte-maîtresse pour se démarquer dans des rayonnages où la concurrence est rude.

Régulièrement, des designers sont appelés à la rescousse pour réviser les formes et les messages de l'eau : c'est le « relooking ». Parfois spectaculaires, ces exercices sont aussi plus discrets quand il s'agit par exemple de concevoir un bouchon ouvrable en un tour de vis au lieu de deux, ou d'alléger le poids d'une bouteille pour économiser la matière première : de 45 g en moyenne en 1994, la bouteille est passée à 36 g en 2000, grâce au PET arrivé dans les années quatre-vingt-dix. Eco-Emballage souhaiterait inciter les minéraliers à descendre à 33 g d'ici à 2005.

Métier, designer de bouteilles

Laurent Del Bianco, designer, directeur de création packaging chez Alpha Centauri, dessine des bouteilles d'eau minérale ou de source depuis 25 ans. La Danone Activ', au bouchon rouge en corolle, c'est lui. La Mont Roucous à l'allure d'une fleur de Lotus, encore lui. La récente Yma, aux goûts étranges, toujours lui.

« Ce qui a changé en 25 ans ? Les matériaux. Dans les années soixante-dix, le plastique est arrivé, plus malléable que le verre. Il a considérablement allégé les bouteilles. Puis du PVC, on est passé au PET, encore plus léger et recyclable… C'est le matériau qui donne l'élan de la création, même si les considérations esthétiques et symboliques d'une eau (pureté, minceur, image de la marque, etc) demeurent primordiales ».

La Danone Activ', une des premières eaux à afficher un bouchon rouge en corolle, pratique à dévisser.

Laurent Del Bianco intègre systématiquement les contraintes techniques en amont de ses dessins, au risque d'être préféré à des projets plus « fous » mais qui s'avéreront irréalisables… « Les eaux plates doivent résister à la compression (les bouteilles seront empilées dans des palettes), ce qui induit le recours à des cannelures pas toujours esthétiques mais fondamentales. Pour les gazeuses, on doit veiller à ce que la géométrie de la bouteille

Yma, l'eau à la bouteille asymétrique, facile à tenir et aussi originale que ses goûts rose-lychee et fenouil-coriandre !

n'induise pas de déformation, sous l'effet de l'importante pression interne du CO_2. Ces contraintes sont d'autant plus fortes que le poids de la pré-forme (sorte de matrice de la bouteille) a tendance à diminuer pour économiser de la matière première. » En 1995, le designer lance la bouteille d'Aix-les-Bains. « Ma mission était de mettre en avant la pureté et l'éclat de l'eau. J'ai donc choisi de tailler les angles, comme un diamant. » Il lui a fallu fluidifier suffisamment le plastique pour qu'il s'insinue jusqu'au bout des angles pointus, du moule de la bouteille...

Récemment, il a reçu pour consigne d'inventer une nouvelle bouteille plus ergonomique pour la marque Parot.

Et demain ? Dans ses cartons à dessin, il y a déjà la ribambelle de glaçons à eau minérale, le plateau de gobelets d'eau en PET + carton, la ceinture à

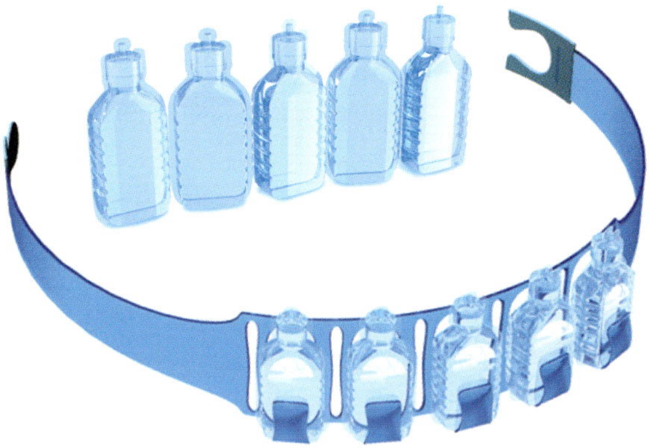

Un concept innovant : la ceinture de mini-dosettes d'eau minérale (20cl) à clipper...

eaux et la gourde à eau avec un tuyau pour alimenter directement les sportifs de haut niveau.

Un peu de prospective

Comment ces messages sont-ils décryptés par les bureaux de style et de veille, chargés de suivre et d'influencer les tendances de consommation ?

Demain, l'eau en gel

« Consommer de l'eau, dans nos sociétés développées, devient un acte ludique, analyse Béatrice de Reynal, directrice de NutriMarketing, agence de veille et d'innovation alimentaire. L'eau des nuages de Tasmanie, l'Iceberg Water ou la K2, prélevée en Himalaya, c'était hier. Demain ce sera : l'eau en gel (Giboulée) ou l'eau sertie dans un bracelet que l'on glisse au poignet, la poudre d'eau, les glaçons d'eau minérale, et une grande

L'eau en gel, désaltérante, peu encombrante et ludique !

variété d'eaux de beauté, enrichies de vitamines, de thé vert, etc.

L'eau minérale est associée à des valeurs positives et intemporelles comme la santé, la beauté-minceur et la jeunesse. Ces valeurs sont sur le devant de la scène pour longtemps encore. La beauté à boire, par exemple, est une idée qui plaît beaucoup. Boire devient un acte de purification physique et mentale. Lancés dans cette quête de pureté, les consommateurs admettent mal les risques qui pèsent sur l'eau du robinet. Pourtant, si le goût de cette eau leur convient, qu'ils la boivent ! Le goût est déterminant pour le choix d'un produit, et de l'eau en particulier. Et rappelons-nous que les vertus des eaux ne sont pas toujours clairement établies (gare aux eaux « écran total » annoncées prochainement sur le marché !), et qu'il faut vérifier l'assimilation effective des minéraux par notre corps. N'oublions pas que l'eau est avant tout… de l'eau, destinée à étancher la soif ! »

Cuisiner ses coquillages à l'eau de mer ou concocter un bouillon de poisson original, un rêve désormais possible !

« L'eau est fantasmée ! »

Françoise Seralta, bureau de style Peclers, Paris

« Depuis quelques années, l'eau est sublimée, fantasmée, tout simplement parce qu'on réalise que c'est un élément essentiel, pour nous comme pour la planète… L'élément eau, symbole de naturalité et chargé de sens, est très prisé dans les milieux artistiques, au même titre que le bois. Ce thème aux accents résolument écologiques fait son chemin et s'insinue dans l'esprit des créateurs qui le déclinent dans le design (multiplication des patios intérieurs avec fontaines…), les textiles (matières « intelligentes » qui hydratent et rafraîchissent), l'architecture (jeux de transparences), la beauté (essor des spas), etc. Pour les capteurs de tendance que nous sommes, l'eau est propice à des expressions sophistiquées, parfois un peu superficielles, mais résolument pérennes. Cependant, il ne faut pas perdre de vue l'essentiel : les démarches menées en faveur de la protection de la ressource en eau. Ainsi, je suis très sensible aux initiatives des industriels qui conçoivent des machines capables d'économiser l'eau de lavage, en électroménager par exemple. »

Bibliographie

J.-F. Dormoy, *Eaux minérales, le guide de l'amateur,* Courbevoie, Éditions Soline, 1999.

M. Douaz, *L'Eau, source de légende,* Paris, Assouline, 2000.

E. Evina, *Le Guide du buveur d'eau,* Paris, Solar, 1997.

P. Monnerot, A. Monroche, *Éloge du verre d'eau,* Paris, Éditions Chiron, 1998.

P. Queneau, *Médecine thermale, faits et preuve,* Paris, Masson, 2000.

M. Rachline, *L'Eau minérale naturelle,* Paris, Atlas, 1996.

D. Tampo, *Les Eaux conditionnées,* Paris, Tec et Doc Lavoisier, 1992.

Tout sur l'eau, Institut de l'eau Perrier Vittel, 1990.

Carnet d'adresses

Hôtels-restaurants

- Marc Veyrat
  13, vieille route des Pensières, 74290 Veyrier du Lac
  Tél. : 04 50 60 24 00
- Michel Bras
  Route de l'Aubrac, 12210 Laguiole
  Tél. : 05 65 51 18 20
- Olivier Rœllinger
  1, rue Duguesclin, 35260 Cancale
  Tél. : 02 99 89 64 76
- Bernard Fournier
  Le Petit Colombier, 42, rue des Acacias, 75017 Paris
  Tél. : 01 43 80 28 54
- Hôtel Meurice
  Jardin d'Hiver, 228, rue de Rivoli, 75008 Paris
  Tél. : 01 44 58 10 50

Autres

- NutriMarketing. Bureau de veille en alimentation
  132, avenue de Villiers, 75017 Paris
  Tél. : 01 47 63 09 72
- Peclers Paris, bureau de style
  23, rue Mail, 75002 Paris
  Tél. : 01 40 41 06 06.
- Alpha Centauri, agence de design,
  8, rue Vulpian, 75013 Paris
  Tél. : 01 42 17 46 45
- Colette *(water bar)*
  213, rue du St Honoré, 75001 Paris
  Tél. : 01 55 35 33 90
  www. colette.fr
- Association des sourciers d'Europe
  Tél. : 03 89 24 32 10

Sites internet

- www.centre-evian.fr
  (site du Centre Evian/Volvic sur l'eau)
- www.evian.fr
- www.volvic.fr
- www.aquamania.com
- www.france-thermale.org
- www.water-institute.com
  (site de Institut de l'eau Perrier/Vittel)
- www.danoneConseils.com
- www.sources-mont-roucous.fr
- www.hepar.tm.fr
- www.perrier.com
- www.volvic.fr
- www.henniez.ch
- www.eau-courmayeur.com
- www.wattwiller.com
- www.eau-thonon.com
- www.pioule.com
- www.ogeu.net
- www.parot.fr
- www.alet.tm.fr
- et bien d'autres sites….

Informations complémentaires

La Chambre syndicale des eaux minérales

Elle est membre de la Fédération des eaux embouteillées. Créée en 1890, elle regroupait à l'origine les représentants des eaux embouteillées et ceux du thermalisme, mais les deux activités ont été séparées après la seconde guerre mondiale. Elle représente les producteurs d'eau minérale dans les différentes négociations nationales, européennes ou internationales. Elle a en outre élaboré un « code des bonnes pratiques » pour les minéraliers.

10, rue de la Trémoille, 75008 Paris
Tél. : 01 47 20 31 10

Crédits photographiques

Agence Alpha Centauri : p. 87, 88, 89 ; Georges Bosio : p. 14, 22, 23, 25, 33, 36, 40 à 50, 56, 58, 59, 62, 70 , 71, 74, 76, 77, 79, 80, 82, 85 ; Pascal Coutelier : p. 10, 23, 33, 36, 38 ; Christina Egal : p. 63 ; Nestlé Waters : p. 9, 12, 13, 18, 19, 20, 22, 24, 25, 28, 29, 32, 34; 35, 51, 52, 54, 55, 57, 66, 68, 69, 73 (haut), 76, 77 (bas), 78, 79, 83, 84 ; Nutrimarketing : p. 86, 90 ; Christian Palis : p. 64-65 ; Wattwiller : p. 15, 16, 17, 27, 72, 73 (bas), 91.

Remerciements

Je tiens à remercier :

- Françoise de Buttet (Chambre syndicale des eaux minérales) ;
- Sandrine Gonzalez (les grandes sources de Wattwiller) ;
- Franck Jaulneau (responsable de la restauration à l'hôtel Montalembert, Paris 7e) ;
- Pascale Jembrun (nutritionniste à Paris) ;
- Jeanne Melcion (directrice des stations thermales Vittel et Contrexéville) ;
- Béatrice de Reynal (NutriMarketing) ;
- Sophie Thouvenot (Thermes de Vittel et Contrexéville).

Ouvrage réalisé par le Studio graphique des Éditions du Rouergue
Achevé d'imprimer en février 2003, en Italie par Stige s.p.a

Dépôt légal : mars 2003
ISBN : 2 84156 446 0